경험은 우리에게
무엇을 가르쳐 줄까?

한 입 크기 철학 9

경험은 우리에게 무엇을 가르쳐 줄까?

초판 인쇄 2022년 4월 05일
초판 발행 2022년 4월 10일

지은이 카롤 위드마이어
그린이 알프레드
옮긴이 손윤지
펴낸이 조승식
펴낸곳 돌배나무
공급처 북스힐
등록 제2019-000003호
주소 01043 서울시 강북구 한천로 153길 17
홈페이지 www.bookshill.com
이메일 bookshill@bookshill.com
전화 (02) 994 – 0071
팩스 (02) 994 – 0073

정가 9,000원
ISBN 979-11-90855-30-3
ISBN 979-11-90855-25-9(세트)

* 잘못된 책은 구입하신 서점에서 바꿔 드립니다.

Que nous apprend l'expérience?

Carole Widmaier

Dessins d'Alfred

카롤 위드마이어 & 알프레드

경험은 우리에게 무엇을 가르쳐 줄까?

우리는 어떻게 숙련된 대장장이가 될까?

"무수한 단조 작업을 통해 우리는 진정한 대장장이가 된다." 아리스토텔레스Aristote의 말이다. 특정 분야에서 배울 수 있는 노하우, 좋은 습관 및 올바른 대처 방법과 같은 경험적 지식들은 행위의 반복을 통해서만 얻을 수 있다. 풋내기 초보 대장장이는 작업을 처음 시작할 때는 그 행동에 대한 확신이 없고 작업 속도도 느릴 수밖에 없기 때문에 아직은 가능성만 잠재되어 있는 상태에 놓일 뿐이다. 오직 반복적인 경험만이 그를 훌륭한 대장장이로, 숙련된 기술자로 만든다. 여기서 초보 대장장이들은 모두 견습생 단계에 머물러 있다. 실제 작업에 들어가기 전까지 그가 알고 있었던 이론적 지식은 재료가 야기하는 난관에 부딪치기 마련이다. 왜냐하면 모든 물질은 저항성을 가지고 있기 때문이다. 재료가 가진 다양한 물질적 특성은 그것을 다루고 변형시켜 머릿속에 그려두었던 결과물을 만들고자 하는 사람에게 해당 작업에 관한 순수 지식의 부족함과 불완전함을 느끼게 만든다. 초보 대장장이는 그의 기억력을 비롯한 온갖 노력을 총동원해 제조 순서와 방법을 전부 암기했지만 자신이 생각한 형태를 구현하기 위해 사용되는 재료를 다루는 데 있어서 이토록 긴 시간을 허비하게 될 것이라고는 전혀 예상하지 못했을 것이다. 재료가 가진 저항성, 강도의 섬세한 차이, 물질의 질적 차이(철과 구리를 같은 방식으로 다룰 수는 없지 않은가?)는 이론적으로만 알고 있던 지식에서 가장 추상적이고 모호한 지점을 건드린다. 그렇기 때문에 경험적 지식을 얻고 그것을 완벽히 체화한다는 것은 구체적인 현실에 끊임없이 직면한다는 것을 의미한다.

견습생 단계의 대장장이는 이미 알고 있던 지식을 실제 작업에 융합하는 과정의 작업을 여러 차례 수행하면서 변화하기 시작한다. 관점에 변화가 생기고, 판단에 확신을 갖게 되면서 점점 발전한다(자세, 근육의 쓰임, 손의 모양까지 변화가 나타난다). 쉼 없이 문제에 직면하고 실패와 성공을 거듭하면서, 처음에는 서투르기 때문에 추구할 수 없었던 작업 속도와 능숙한 솜씨까지 두 마리 토끼를 다 잡을 수 있을 만큼 육체적으로나 정신적으로 역량을 갖추게 된 것이다.

이러한 대장장이는 주로 전형적인 '장인'의 모습으로 표현되곤 하는데, 이는 경험을 통해 무언가를 얻고 그것을 숙달하는 배움의 본질에 대해 이야기하는 것이라 할 수 있다. 경험적 존재, 즉 '경험이 있는' 사람은 어렸을 때보다 자신에게 비교적 영향이 덜 미치는 상황을 마주할 때 과거 경험에서 얻은 용기와 그것을 바탕으로 한 현재의 신중함으로 일정 거리를 유지할 수 있는 특별한 지혜를 지닌다. 이는 개인적인 것이지만 명민한 경험적 지식일 것이다.

현명한 사람은 오랜 경험을 통해 삶의 지혜는 시간을 필요로 하기 때문에 어쩌면 일생이 걸릴 수도 있다는 것을 안다. 또 경험을 통해 우리가 직면하는 실제 현실이 결코 아무런 타격 없이 헤치고 나아갈 방법으로 충분할 수도 있는 일반적인 삶의 규칙들에 해당되는 단순한 경우가 아니라는 것을 안다.

경험에 나이가 있다면 그것은 시간에 기록되기 때문이다. 물론 나이가 들었다고 해서 모두 현명하고 지혜로운 것은 아니며, 모두 동등한 혹은 서로 유사한 지식을 가지고 있는 것도 아니다. 하지만 경험에서 비롯된 지식은 그 경험을 구성하는 특정한 경험적 본질에 영향을 받는다. 그렇기 때문에 우리가 경험이라고 부르는 것은 해당 경험을 터득하고 그 경험들의 접점을 알맞게 적용하는 능력을 의미한다. 살면서 얻은 경험을 발휘하기 위해서는 그것을 적용하는 과정이 필요하다.

실수하는 것은 인간적이다?

그렇기 때문에 부정적인 경험들은 깨달음을 얻는 데 가장 적절한 것일 수 있다. “실수를 통해 배운다”라는 주위의 흔한 말처럼 실수는 지극히 ‘인간적’인 것이다. 실수만큼 인간적인 것도 없다. 우리가 지닌 사리 분별 능력의 유한함은 필연적으로 우리 지식에 한계를 유발하기 때문이다. 아무리 풍부한 경험과 높은 학력의 소유자라고 해도 인간은 일생 동안 결코 실수에서 자유롭지 못할 것이다. 하지만 살아간다는 것, 즉 대담하게 많은 것을 경험해 나간다는 것은 스스로 끊임없이 실수를 저지를 위험을 감수한다는 것이다. 오직 우리가 이미 완벽하게 처리한 것

에서 한 걸음 물러나고, 친숙함을 지속적으로 추구하는 것만이 우리를 실수의 위험으로부터 보호할 수 있다. 그렇다면 결코 삶 그 자체로 발휘되지 않고 존재의 위험을 감수하지 않는 삶이란 무엇일까? 무색무취의 무미건조한 삶이다.

"실수하는 것은 인간적이다"로 시작하는 격언("Errare humanum est, sed in errare perseverare diabolicum" 고대 로마의 철학자 세네카의 말)의 마지막 문장인 "그러나 그 실수 안에 고집스레 머무는 것은 악마의 몫이다"는 비교적 덜 알려져 있는데, 우리가 저지르는 실수는 충분히 있을 수 있는 일이지만 거기에는 이유가 따르기 마련이라는 것을 의미한다. 인간적이기 위해서 실수는 온전히 하나의 경험으로 여겨져야 한다. 자기 자신에 대해 되돌아볼 수 있고, 같은 실수를 절대 다시 반복하지 않도록 깊이 생각해 보는 명상의

“경험이란
모든 사람이
자신의 실수에
붙이는 이름이다.”

오스카 와일드
Oscar Wilde

시간이 필요하다.

실수의 경험은 절대 그 자체로 만족스러운 일이 아니다. 오히려 실수에는 언제나 그에 상응하는 대가가 따르기 마련이다. 예를 들어 시험에서 낮은 점수를 받았다거나, 학교에서 나쁜 평가를 받았다거나, 수치심 또는 죄책감으로 인한 정신적인 대가를 치렀다거나, 법을 어겨 처벌을 받았다거나, 그 외에도 뜨거운 것을 잘못 만져 손을 데었다거나 하는 등의 경우가 그렇다. 원인이 무엇이든지 간에 실수에 대한 현실적이고, 물질적이고, 상징적인 대가는 우리가 저지른 행위를 인지할 수 있게 하는 효과를 우리에게 알려주고, 또 우리가 행한 행위 또는 우리의 실천 방식을 결정한 의도에 대해 스스로 다시 생각해 보게 만든다. 실수가 과거의 기억을 초래할 때, 즉 실수를 만회하고 정정하는 과정에서 반드시 수반될 수밖에 없는 실수에 대한 기억이 떠오를 때에만 비로소 실수는 인간적인 것이다. 만약 그렇지 않다면 반복된 실수는 극악무도한 '악마의 몫'이 될 것이다. 악마diabolique를 의미하는 그리스어의 어원을 살펴보면 하나로 결합하는 것이 아닌 분리되고 갈라진다는 의미가 내포되어 있다. 더 이상 실수를 저지르지 않으려 노력하는 것과 더 이상 방황하지 않으려 노력하는 것은 분리되는 것이 아니라 관계를 맺는 것이다. 내가 잘못을 저지른 상대방과 나와의 관계를 맺는 것, 세상과 관계를 맺고 더 조화롭게 살아가는 방법을 찾는 것, 스스로 나 자신과의 관계를 맺고 내적 일관성을 재발견해 회복하는 것, 그리고 심각한 실수를 저질렀을 때 나의 동반자와 함께 극복하고 다시 삶을 살아가는 것은 전부 관계를 맺는 것이다.

우리는 실수를 통해서만 배울까?

그렇다고 해서 실수가 유일하고 확실한 배움의 자원인 것은 아니다. 실수에 따른 실질적인 대가가 지식의 깨달음, 감사한 마음, 성공, 기쁨 등으로 나타난 긍정적인 경험이라면 우리는 그 경험을 통해 배울 수 있다. 이는 비교적 막힘없이 원만한 배움의 과정으로, 우리의 삶 속에서 벌어질 뿐만 아니라 문제의식보다는 더 큰 확신을 야기하는 효과가 있다.

그러나 우리가 기억하는 가장 행복했던 경험이 우리 삶의 방향을 올바르게 이끈 것은 사실이지만 이와 동시에 우리를 시험대에 올리기도 한다. 친구 혹은 연인과의 만남, 새로운 직장 또는 외국에서의 색다른 생활은 '부정적 힘'을 중재하는 것을 통해서만 우리의 마음을 더 풍요롭게 하고, 우리의 능력을 향상시키고 역량을 발휘하게 한다. 새로운 것에 대한 모든 마주함은, 우리가 그것을 통해 무언가를 하려 한다면, 적어도 부분적으로나마 우리를 재구성하고 우리가 인식하는 방법과 그 기준에 의문을 제기하는 것을 전제로 한다. 이전에는 경험해 본 적 없는 것과 마주하면 우리는 변화하게 되는데, 이는 아무런 고통 없이는 불가능하다. 경험에 대한 모든 개방적인 태도는 그것이 행복한 경험이든 불행한 경험이든 간에, 각자의 안정이나 균형의 위기를 어느 정도 동반하게 된다.

그렇기 때문에 위기의 나이라고 하는 청소년기가 모든 종류의 경험과 특정한 관계를 유지하고 있다는 것은 우연이 아니다. 아동기에서 시작해 성인기에 이르는 꽤 긴 여정 사이에 반드시 거쳐 가야만 하는 청소년기는 근본적인 질문을 던지는 시기이자 결정의 시기다. 아동기는 어른의 보호와 허락 아래 놓여 있으며 이 시기에 겪는 경험들은 본인 스스로의 선택에 의한 것이 아니다. 반면 (급격한 심리 변화, 변덕, 도발적인 언행, 갈등, 실존과 관련된 질문들을 달고 사는) 청소년기는 자립의 단계로 나아가는 과도기다. 즉 지금까지 외부로부터 강요받던 규칙들을 다시 만들고, 그것의 정당함과 부당함을 판단함으로써 마침내 '나' 스스로 결정할 수 있는 것이다.

'나'의 모든 기준은 더 무르익어 가는 '나'의 주관성에 의해 걸러진다. **'나'는 가끔 부모님이나 학교가 만든 규칙을 어기기도 한다.** 근본적인 불확실함의 새로운 경험과 선과 악은 어떤 돌에 새겨져 있지도, 어떤 글에 적혀 있지도 않다는 불분명한 지식이 내가 어긴 어른들의 규칙이 사실은 단순한 규범이 아닐지도 모른다는 것을 찾아가도록 이끈다. 즉 진리가 아니라 선과 악을 구별하는 우연적이고 사소한 기준들을 발견하게 한다. 규범의 위반, 경계를 넘는 것은 우리 각자의 개성을 드러내며, 오히려 실제로는 파괴의 시도다. 절대적이고 필연적인 금기사항의 상대적이고 구속적인 특성을 강조하기 위한 시도다. 그리고 바로 이 불확실성의 심연에서 진정으로 우리의 미래를 꿈꾸기 시작해야 한다.

존재를
경험한다는 것은?

따라서 청소년기는 의도적인 경험을 겪는 시기이자 우리를 시험대에 올리고 또 자기 자신에 대해 배우는 시기다. 나의 한계 또는 경험하는 능력을 시험하기 위한 실험의 대상은 다름 아닌 바로 나 자신이다. 만일 내가 처음으로 성 경험을 갖거나 마약을 시도하기로 결심한다면, 그것 역시 '나'에 대해 더 잘 알고자 하는 생각에서 비롯된 것이다. 나는 각자가 알고 있는 것을 바탕으로 한 분명한 지식적 목표를 가지고 다른 사람들을 비롯한 외부 세계에 맞선다.

'나'에 대한 이러한 탐구는 강렬한 순간에만 경험할 수 있

는 삶에 대한 바로 그 느낌을 추구하는 것이기도 하다. 나의 '존재함'을 마치 그것이 자명하지 않은 것처럼 증명하려 노력한다. 경험해 나가면서 외부로부터 강요받은 삶이 아닌 스스로 현실적인 삶을 살고, 더 이상 상상 속의 나의 모습이 아닌 직접적인 경험 또는 다른 사람들의 경험담을 통해 진정한 나의 존재를 확실히 한다. 이때 절대불변의 진리를 기대할 수 있는데, 그것은 본질적으로 '나'에 관한 것이다. 실패와 성공은 결국 나의 행동에서 비롯되는 것이며, 쾌락과 고통 또한 내가 감수하는 위험에 대한 결과이기 때문이다.

과학적 경험이란
무엇일까?

하지만 경험은 우리에게 무엇보다 우리 외부에 있는 것, 즉 우리가 아닌 것에 대해 무언가를 가르쳐 준다. 경험을 겪은 사람, 즉 주체는 해당 경험과 그것을 다른 곳에 적용할 때 경험의 대상을 먼저 떠올린다. 예를 들어 화상을 입었다고 가정해 보자. 우리는 불의 속성에 대해 먼저 배우게 될 것이다. 설령 내가 직접적으로 경험한 것이 아니더라도 최소한 불이 나의 신체에 미치는 영향에 대해서 알게 될 것이다. 마찬가지로 여러 실험을 수행하는 과학자는 자기 자신을 알기 위해서가 아니라 자신을 둘러싼 외부의 자연적 또는 사회적 현실의 법칙과 구조를 알기 위해 실험하고 탐구한다.

이러한 과학적 경험 모델은 우리들 각자의 경험 속에서 벌어지는 일들을 이해하는 데 도움을 줄 수 있다. 지식이란 알고 있는 주제를 내포하며, 언제나 주위에서 벌어지는 움직임을 나타낸다. 과학적 접근법에서 내가 속한 자연적 또는 사회적 현실은 연구의 대상이 되며 객관화된다. 그 현실을 알기 위해서는 우선 그 경험을 외부로 내보내고 가능한

한 중립적인 시각으로 바라보아야 한다.

과학적 경험은 결코 자연적이지도 순수하지도 않다. 언제나 인위적으로 유도되고 연구되며, 일련의 가설을 검증하거나 무효화하는 데 쓰인다. 그러나 과학자는 자신의 이론을 확립하기 위해 노력하기보다 그것을 무효화하기 위해 더 노력하는데, 바로 이 부분에서 과학이 이념과 근본적으로 구별되는 것이다. 다윈Darwin의 종의 진화론이나 나치의 인종 이데올로기는 모두 일관된 세계관을 형성하고자 한다. 그러나 종의 진화론은 이론을 약화시킬 수 있는 일련의 사실들을 마주했을 때 그 자체로 변화하고 개혁할 준비가 되어 있지만, 나치의 이데올로기는 대립되는 사실들을 그 즉시 무시해버린다.

이념과 구별할 수 있는 방법은 바로 과학 그 자체를 관통하는 것이다. 미국 스탠퍼드 대학의 필립 짐바르도Philip George Zimbardo 사회심리학과 교수가 개인의 도덕성이 특정 상황 속에서 유발되는지 아니면 각자의 성격에 의해 유발되는지를 알아보기 위해 수행한 유명한 실험을 살펴보자. 1971년 짐바르도 교수는 가짜 감옥을 만들어 자원봉사 학생 그룹에 임의적으로 죄수와 관리인의 역할을 할당했다. 관리인 역할을 맡은 학생들은 순식간에 죄수들에게 가학적인 행동을 취했고, 상황이 행동에 영향을 주는 것처럼 보이는 이 실험은 그렇게 중단되었다. 그러나 일반인들을 비롯해 전문가들의 세계에서도 회자되었던 이 실험은 실험 속 이론을 증명하기 위해 애초에 조작된 것이었다는 사실이 최근 발견되었다(티보 르 트시에Thibault Le Texier의 《거짓된 이야기Histoire d'un mensonge》에서 밝혀진 사실이다).

나는 내 경험의 목적이 될 수 있을까?

만약 내가 실험을 한다면, '나'를 알기 위해 탐구한다면, 실험 대상을 찾기 위해 노력하는 과학자처럼 내 자신에 대해 생각하고 또 시험하고 싶은 것에 따라 신중하게 내가 겪은 경험들을 선택해야 한다. 그리고 나의 표현들을 내가 관찰하고자 하는 나의 행동과 감정에 따라 수정할 수도 있어야 한다. 이러한 조건하에서만 실험은 그 역할을 제대로 수행할 것이다.

그러나 만약 내가 나를 탐구하는 과학자가 되려고 한다면, 나를 객관화해야 하고 나를 한 걸음 물러서서 바라보아야 한다. 즉 나를 추상화해야 하고, 이 실험이 내게 미칠 구

“각자의 경험은 모두에게 소중하다.”

제라르 드 네르발

Gérard de Nerval

체적인 영향을 고려하지 않아야 한다. 우리는 나 자신을 순수하게 관찰하는 사람이 될 수 있다고 생각하는데, 바로 이 부분에 근본적인 환상이 존재한다. 왜냐하면 나와 관련된 경험들은 이미 내가 배우는 것은 언제나 나 자신과 외부 세계로부터 온다는 것을 인지한 것이기 때문이다. 내가 배우는 것은 결코 나 이외의 현실의 속성이나 내가 가진 특성 중 한 가지가 아니다. 항상 나와 내가 아닌 것 사이의 유사점과 관계를 배운다.

모든 경험이 내게 가르쳐 주는 것은 정확히 내가 결코 관계 구조 밖에 존재하지 않는다는 것이다. 내 존재 자체는 관계적이다. 그리고 이러한 관계는 나와 세계라는 두 가지 단위가 아닌 최소한 세 가지 이상의 단위, 즉 나와 세계와 '다른 사람들'을 포함한다. 그러나 '다른' 개개인들, 나의 것이라 믿는 경험에서 나와 관계를 맺은 경험의 다른 주체들은 나와 같은 관계에 의해 정의되지 않는다. 그 증거는 바로 그들이 세상을 바라보는 시각이 나와 완전히 다르다는 것이다.

내가 남들과 상호작용하고 교류하면서 항상 배우게 되는 것은 세계 속 관계에서 나타나는 무한한 차이다. 경험의 공유는 다른 사람들과 나 사이에 공통적이면서도 극복할 수 없는 격차가 있다는 것을 느끼게 한다. 나는 세상을 경험할 때 아는 법을 배우려고 하기 때문에 눈앞에 마주한 본질을 알기 위해 노력하는 학자처럼 될 수는 없다. 왜냐하면 세상은 그것을 구성하고 또 관찰하는 주체들로 이루어져 있기 때문이다. 우리는 모두 서로 다른 관점을 가졌고, 바로 이러한 관점들이 모여 세상을 만든다.

나는 물질일까?

그러나 여전히 우리가 속해 있고 또 우리를 정의하는 이러한 모든 다양한 관계들은 고정되어 있지 않고 '유동적'이다. 나의 경험들은 나의 관점을 스스로 바꾸게 만들 수 있다. 내가 겪은 모든 경험들 중에서 몇 가지는 특별한 지위를 갖는다. 그 경험들은 내가 이미 겪은 것의 연속성에 속한다기보다는 그것이 나를 변화시킨다는 의미에서 실질적으로 나에게 무언가를 가르쳐 준다.

다른 문화를 경험하거나 소중한 것을 잃고 난 후에 지금의 나는 더 이상 예전의 나와 같지 않다. 나의 임무는 새로운 안정을 회복하는 것, 분열하거나 나 자신을 잃지 않고 나를 변화시키는 것이다. 경험으로부터 배운다는 것은 '능력'

의 문제이기도 하다. 인간은 만남에 의해 자신이 변하도록 다소 내버려둘 수도 있고, 이러한 능력 자체는 삶의 과정에서 나타날 수도, 사라질 수도 있다.

경험으로부터 배운다는 것은 그것이 나를 변화시키는 것에 동의한다는 것을 전제로 한다. 따라서 그 경험을 시도한다는 것은 실천을 위한 이론이나 행동을 위한 숙고를 포기하지 않는 것이다. 외면상 가장 이론적인 지식은 내 세계관을 바꿀 수 있다는 것을 내가 받아들일 때 나에게 경험이 될 수 있다. 이렇듯 때때로 우리가 무관심한 태도를 취하는 것과는 반대로 지식인은 경험과 거리를 두지 않는다. 지식인이 존재하는 방식은 지식 안에서, 그리고 지식을 통해 끊임없이 자신의 변화를 인정하면서 실천하는 것이다.

경험과 맞서면서 내가 추구하는 나 자신에 대한 지식은 경험 이전에, 그리고 경험과 독립적으로 존재하는 실체의 지식일 수도, 지식이어서도 안 된다. 나는 '즉자', 그러니까 나의 경험에 의해서 표면적으로만 영향을 받는 존재가 아니다. 나는 '대자', 그러니까 나의 존재는 진정한 경험에서 나타나는 자아의 출구에서만 만들어진다.

만약 외국에서 심리적인 억제와 두려움을 극복하며 새로운 환경에 점차 적응해 나간다면 나는 그렇게 할 수 있다는 것을 깨닫게 될 것이다. 그러면 나의 존재 가능성을 증가시킨다는 의미에서 나에 대한 시각을 바꾸게 될 것이다. 하지만 이와 동시에, 예전에는 존재하지 않았지만 동일한 능력을 만들어낼 것이다. 그리고 낯선 것은 익숙해질 것이다. 새로운 모든 관계에 대한 인식들은 나의 몸과 마음을 풍요롭게 한다. 이러한 배움은 무한하다. 결코 나를 돌아볼 수 없을 정도로 나의 '즉자'가 심오하기 때문이 아니라 인간의 가능성은 무한하고, 세상은 무한한 다양성으로 이루어져 있고, 정서적인 삶은 언제나 풍요롭고, 경험이 쌓이면서 나 역시 무한대로 변하기 때문이다. 따라서 경험에 영향을 받는 것은 바로 나의 '정체성'이며 그것은 결정된 형태로 멈추지 않고 끊임없이 형성된다. '대장장이'가 되기 위해 재료를 다루는 기술을 숙련한 장인의 모습을 우리 존재의 전반에 적용하기란 쉽지 않다.

박물관

나의 정체성은
누가 결정할까?

나의 정체성은 내 경험에 따라 형성되지만 모든 경험이 내가 나의 '정체성'이라고 부르는 것에 결정적이지는 않을 것이다. 오직 나만이 어떤 경험이 나의 정체성을 형성하는 데 영향을 미쳤다고 생각하거나 결정하겠지만, 또 다른 경험은 나라는 사람의 성질을 만드는 데 기여하지 않을 것이다. 스스로 이성애자라는 것을 느낄 수 있는 이유는 나와 다른 성별이 풍기는 배타적인 매력을 느끼기 때문이다. 그러나 정체성과 관련이 없어도 이성애의 경험을 겪을 수 있다. 또한 여러 경험뿐만 아니라 나의 정체성이 심지어 바뀌거나 재형성될 가능성에 대해서도 개방적인 태도를 취할 수 있다.

성적 경험은 그것이 어떤 것이든 간에 나를 변화시키지만 반드시 정체성의 측면에서만은 아니다. 그렇기 때문에 내가 아닌 다른 사람이 부여하는 모든 정체성은 폭력의 일부다. 나 말고 그 누구도 그런 경험이 나의 정체성의 일부인지는 알 수 없다.

성적 지향 또는 젠더적 성향은 엄밀히 말해 지극히 '개인적'인 것인데, 이러한 내면적인 부분이 자신의 정치적 성향

그와 그녀를
위한
여름
휴양지

에도 영향을 미칠 수 있다. 나에게 주어졌던 법칙을 단순한 기준으로 여긴다면 그것을 세상에 표출할 수 있기 때문이다.

그러므로 경험을 하는 모든 주체는 위험을 감수한다. 삶이란 그 자체가 위험이기 때문이다. 그러나 내가 나의 인생을 고유한 존재가 되도록 만들기 위해서 시험을 하는 청소년기에는 나의 경험들이 종종 '위험한 행동'의 형태를 취하기도 한다. 여기서 발휘되는 대범함은 나를 배우게 하고, 그 과정에서 필수적인 신중한 태도를 습득하게 된다. 그러나 나의 정체성은 육체적으로나 정신적으로 완전한 형태라고 할 수 있는데, 그것이 시험대에 놓일 수 있다. 위기는 위험이 아니다. 청소년기의 절정에 이르렀을 때는 어떠한 긍정적인 수용이나 경험도 될 수 없는 힘들고 거친 사건들에 처할 수도 있다. 파괴의 위험에 나를 내몰지 않는 능력은 도덕성과 삶의 교훈에 대한 동일시보다는 나 자신에 대해 민감하게 생각할 수 있는 관계를 유지하기 위한 끊임없는 노력에서 비롯될 것이다.

경험이 없는 사건도 존재할까?

따라서 경험을 하고 나면 그것은 곧 우리의 경험이 되고, 앞으로 우리가 하는 경험들을 동화시키는 데 도움을 준다. 이러한 접근법 대로라면 경험은 효과를 발휘하기도 하고 억제되기도 한다. 하지만 그것 역시 근본적으로는 우리가 얻는 것 아닐까? 왜냐하면 이러한 경험에는 언제나 사건이 따르기 때문이다. 우리가 얻는 경험은 충돌, 분열, 놀라움 같은 것 없이는 축적되지 않는다. 또한 우리의 한계나 능력을 시험하기 위해 결정한 경험들은 예상치 못한 효과를 야기할 수 있다. 그 경험들에는 다루기 힘든 부분이 포함되어 있기도 하고, 사건을 마주할 때에만 비로소 경험이 될 수도 있다.

여러 경험들 중 상당 부분은 의지나 반복된 행동에 의해 얻어진 것도 선택된 것도 아니지만 우리의 정체성을 정의하는 데 기여한다. 아동기는 보호받는 시기이자 삶의 큰 경험들을 겪기 이전의 시기이므로 트라우마 또는 기억이나 상상에 의해 계속해서 재생산되는 충격적인 사건이 발생할 수 있다. 자기 파괴를 초래하지는 않는다고 하더라도 적응하기 어렵고 심지어는 부적절하기까지 한 사건들이 있을 수 있

"마찰 없이 연마되는 돌은 없듯이, 실패 없이 자신의 경험을 완성할 수 있는 인간은 없다."

공자

다. 자신의 실존, 그리고 세상으로 들어가기 어려운 '상처받지 않은' 존재들과 자신의 능력에 대한 감각을 상실한 존재들이 있다. 카트린 말라부Catherine Malabou가 묘사한 《새로운 상처들Nouveaux Blessés》이 그렇다. 사회의 아웃사이더가 된 상처받은 이들은 알츠하이머 같은 뇌질환을 앓는 사람들로, 어떤 경험도 할 수 없고 만남을 통한 변화도 일어날 수 없는 것처럼 보인다. 그러나 트라우마들 중에는 더 이상 어떤 부정적인 영향도 미치지 않는 경우가 있고, 또 다른 트라우마들은 오히려 삶에 적용이 될 수도 있다. 즉 경험이 되는 것이며, 무엇보다 '이야기'가 벌어지는 과정이 된다. 그렇기 때

"우리가 이야기를 통해
기대하는 것은
대리 경험이다."

존 업다이크
John Updike

문에 정신분석은 그 결과가 항상 불명확하고, 환자 스스로 이야기 속에 빠져들도록 함으로써 환자가 다시 존재를 느낄 수 있을 것이라는 의미를 그가 경험한 것에 부여하도록 유도한다. 그래서 아우슈비츠 강제수용소에 수감되었던 경험이 있는 몇몇 작가들은 큰 노력을 기울여 그들이 겪은 비인간적인 사건을 공개적으로 알리고 강제수용소 문학(프리모 레비Primo Levi, 로베르 앙텔므Robert Antelme, 샤를로트 델보Charlotte Delbo, 다비드 루세David Rousset의 작품들이 있다)이라 부르는 장르를 만들 수 있었던 것이다.

회복할 수 없을 만큼 큰 상처를 입었지만 세상에 그 존재를 알리는 것은 곧 경험을 공유하는 것이다. 이러한 경험의 공유가 공동체 전체의 경험을 형성할 수는 없겠지만, 최소한 부분적으로는 직접 경험하지 못한 사건이나 다른 사람들이 경험한 것들 또는 그것을 경험한 사람들에게 들었던 이야기가 되어 우리의 삶에 적용될 수 있다. 보편적으로, 덜 비극적인 상황에서 우리는 경험을 다른 사람들과 공유함으로써 경험의 현실과 우리의 정체성에 미치는 결과로부터 우리의 모습을 확인할 필요가 있다.

경험은 우리를
더 나은 사람으로 만들까?

심지어 많은 경험들은 우리를 '진리'의 길로 안내하기보다 '의미'의 길로 이끈다. 도덕적인 관점에서 경험은 결코 우리에게 선과 악의 결정체를 보여주지는 않을 것이다. 경험의 작용은 오히려 이러한 절대적인 기준의 지속적인 관계 맺기에서 나타난다. 하지만 만약 경험의 작용이 우리에게 '도덕성'에 대해 전혀 가르치는 것이 없다면, 마치 도덕성이라는 것이 우리 자신과 무관하게 존재하는 것처럼 여겨진다면, 경험은 우리의 '윤리적' 감각을 높일 수 있고, 무한히 변화하는 세계 속에서 우리의 옳고 그른 행동의 결과와 자신을 위해 무엇이 좋고 나쁜지, 무엇을 해야 하고 무엇을 하지 말아야 하는지, 추구해야 하는 것과 멀리해야 하는 것을 우리에게 가르쳐 줄 수 있다. 경험은 우리에게 기쁨과 고통, 유용한 것과 해로운 것 사이에서 어디에 위치해야 하는지 더 알려준다. **'경험이 많은 사람'이 가진 자질은 아마도 세상 속에서 자신이 위치해야 할 자리를 찾는 능력에 있을 것이다.** 경험을 더 많이 공유하려 노력할 때 비로소 우리는 그 경험 속으로 들어간다.

따라서 변화를 받아들인다는 것이 외부 세계나 다른 사람들의 영향으로 인해 수동적인 변화가 되어서는 안 된다. 절정의 순간은 언제나 두 개의 장애물을 통과하기 마련이다. 첫 번째 장애물은 바로 '고정적인 정체성'이다. 내가 하나의 물질이라고 생각할 때, 내가 어떠한 사건에 영향을 받지도 받아서도 안 되는 고정된 실체라고 생각할 때, 다른 사람들과 그들의 관점에 흔들리지 않도록 고집스런 태도를 보일 때 나의 정체성은 고정적이다. 사랑이든 우정이든 어떤 만남이 있을 때 내가 결코 변하지 않을 것임을 다른 사람에게 이해시키고, 있는 그대로의 나를 받아들이거나 그렇지 않으면 나를 떠나라고 한다면 사실상 나는 누구도 만날 수 없고 모든 경험을 거절하는 것이다.

하지만 반대로 내가 다른 사람의 시각이나 의지에 마음을 굽히고 나에 대한 상대방의 기대에 부응하고, 어떤 반발도 하지 않는다면 나는 두 번째 장애물에 부딪치게 되는데, 바로 '유동적인 정체성'이다. 그리고 만남은 일어나지 않는다. 미완성되고 기준이 없는 나는 어떤 형태로든 흘러갈 수 있다. 나의 기준이 없기 때문에 외부의 기준을 따라가면서

쉽게 지배당할 수 있다. 즉 어떤 사람이나 집단, 이데올로기의 기준이 내게 존재감을 불어넣을 테지만 반대로 나의 정체성은 잃어가게 될 것이다.

이 두 가지 유형의 정체성 사이에서 동요하지 않을 수 있는, 어렵지만 올바른 길은 '플라스틱 정체성'을 추구하는 것이다. 변형될 수는 있지만 그렇다고 해서 아무렇게나 변형되지는 않는 것이 바로 플라스틱이다. 플라스틱은 약간의 조정은 할 수 있지만 조작에 대해서는 능동적인 저항성을 갖는다. 뇌의 근본적인 속성이라 할 수 있는 융통성은 모든 배움의 본질을 이해하도록 하는데, 이는 경험에 관한 좋은 관계 모델이다. 사건에 개방적인 태도를 취할 수도 있고, 놀랄 수도 있지만 그렇다고 해서 자기 자신을 잃어버리거나 잊지는 않는 것을 의미한다. 쟁점은 나에 대해 알려고 하기보다 다양한 상황을 경험하고 그 안에서 발생하는 무한한 만남들에서 더 강한 힘을 기르는 것이다.

자기 존재의 예술가가
된다는 것은?

각자가 경험과 관계를 맺는 지배적인 방법은 정체성의 좋은 지표이자, 더 간단히 말하면 기질을 보여주는 좋은 지표다. 나는 나의 실존에 대한 '장인'이 될 수 있고 또 그렇게 되기를 원할 수 있다. 내가 원하는 것과 나를 행복하게 해줄 것이라 생각하는 것을 찾는 것, 내 삶을 계획하고 이정표를 수립하는 것, 물질적인 장애물을 극복하려 노력하는 것, 위험을 최소화하고, 다루기 힘든 것을 손에 익히려 노력하고, 예측할 수 없는 것을 통제함으로써 처음부터 계속 나를 골치 아프게 하는 큰 위험을 감수하려고 노력한다. 행복이란 이미 결정되어 있다고 잘못 생각하고 삶에 대한 열망은 모든 욕구가 충족될 때 지속된다고 믿기 때문이다. 나는 나의 실존을 탐구하는 '실험가'가 될 수 있고, 또 그렇게 되기를 원할 수 있다. 나 자신을 알기 위해 가능한 한 더 많은 경험을 할 수 있고, 경험은 내가 세운 존재에 대한 가설을 입증하거나 무효화시킬 수 있는 기회다. 그러나 역설적이게도 나는 나 자신에게서 한 걸음 물러서고 나의 경험이 나를 변화시키지 않을 것이라며 잘못 생각하곤 한다.

아마도 '예술가'의 면모가 필요할 것이다. 잠시 동안만이라도 존재의 창조자가 되어 예측할 수 없는 일들에 마음을 활짝 열고 무엇인가 해보려 노력하고, 선입견 없이 새로운 재료도 다루어 보고, 모든 감각을 열고 주위의 모든 것들이 주는 영향도 받아들이는 것... 경험하고 관계를 맺어 나가는 것은 이 세상을 살아가는 가장 좋은 방법이 아닐까?